MAL DIR
NEW YORK

Englische Originalausgabe:
Ivy Press
210 High Street
Lewes
East Sussex BN7 2NS
United Kingdom
www.ivypress.co.uk

Deutsche Ausgabe:
KOMET Verlag GmbH
Emil-Hoffmann-Straße 1
D-50996 Köln
Übersetzung: Iris Warkus

www.komet-verlag.de
ISBN 978-3-86941-695-3

DIESES BUCH GEHÖRT

....

....

....

....

....

MAL DIR
NEW YORK

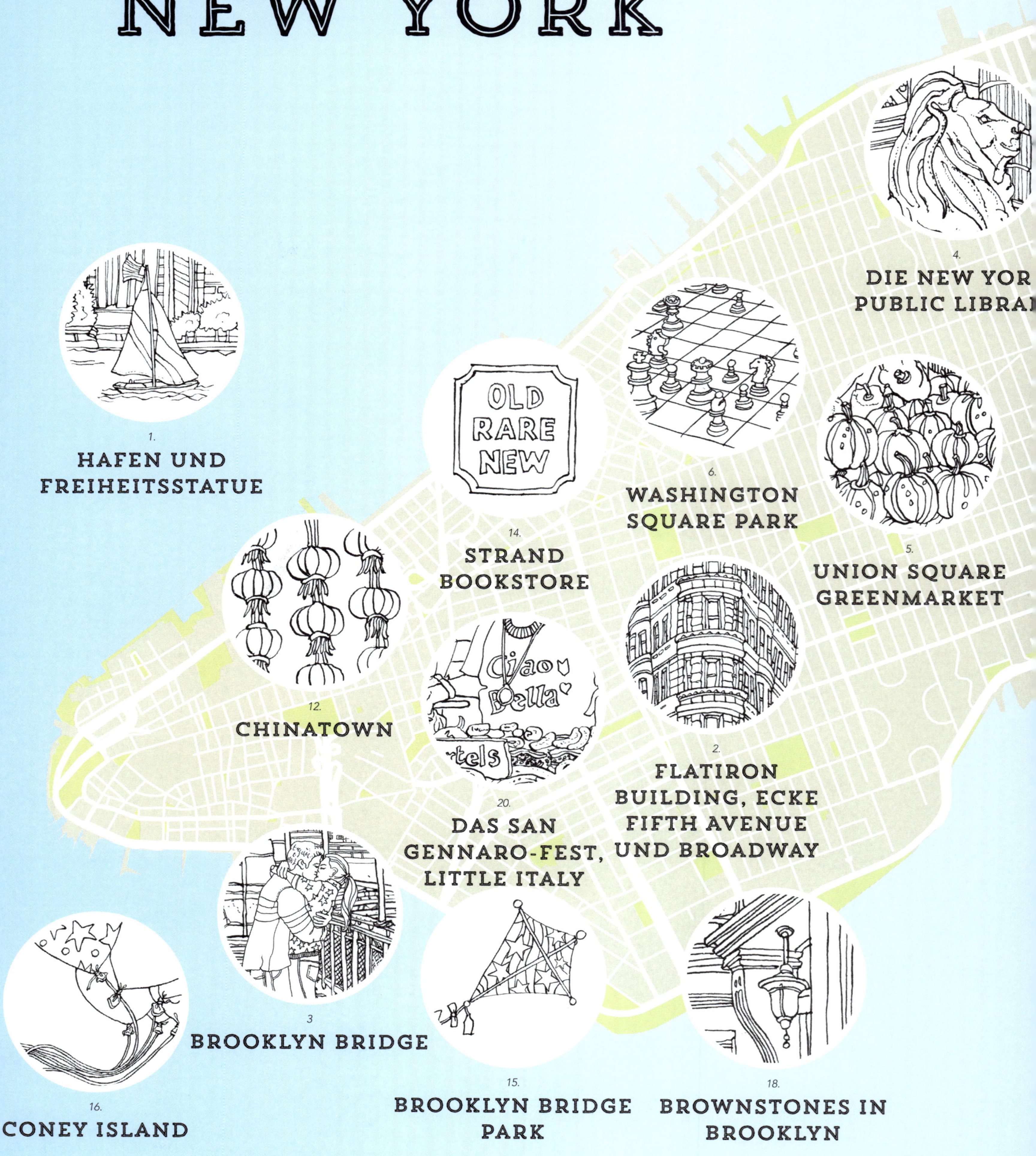

HOT DOG
10.
HOT-DOG-
STÄNDE
13.
CENTRAL PARK
8.
DIE HIGH LINE
7.
DAS GUGGENHEIM
MUSEUM
17.
DAS METROPOLITAN
MUSEUM OF ART
19.
TIMES SQUARE
9.
GRAND CENTRAL
STATION
11.
DIE SKYLINE
VON NEW YORK

EINLEITUNG

New York hat fast so viele Spitznamen wie Hochhäuser, und es war immer stolz auf seine Attraktionen. Neben einigen der bekanntesten Gebäude der Welt hat „die Stadt, die niemals schläft", auch das geschäftigste und lebendigste Streetlife – all das wurde in diesem Buch in dieser Sightseeing-Tour festgehalten und wartet nur darauf, dass Sie es einfärben und sich dort wohlfühlen. „Mal dir New York" bietet zwanzig Ansichten von New York, jede mit unzähligen Details, denen Sie Farbe geben können, so z. B. der New York Public Library mit ihrer architektonischen Finesse. Von den Schachspielern des

Washington Square Park bis zum Wonder Wheel von Coney Island erlaubt Ihnen dieses Malbuch neue Sichten, große und kleine, auf die Sehenswürdigkeiten der Stadt. Erfreuen Sie sich am üppigen Angebot von Bio-Gemüse am Union Square Greenmarket, lassen Sie jede Fahne und jedes Banner von Little Italy zum jährlichen Fest von San Gennaro leuchten, bewundern Sie die elegante Linienführung des Guggenheim-Museums. New York hat diese Bilder für Sie: Alles, was Sie brauchen, sind Farbstifte.

JULY
IV
CCLXXVI

Vorherige Seite

1.

HAFEN UND FREIHEITSSTATUE

Die Freiheitsstatue, sicherlich das klassischste Symbol für Amerika, war ein Geschenk von Frankreich, und war als Hommage einer der großen liberalen Nationen an eine andere gedacht. Entworfen wurde sie vom französischen Bildhauer Bartholdi in den siebziger Jahren des 19. Jahrhunderts, wobei über 100.000 kg Kupfer verwendet wurden. Sie wurde in einzelnen Teilen ausgestellt (der Arm mit der Fackel 1876 in Philadelphia und im Madison Square Park, der Kopf 1878 bei der Pariser Weltausstellung), bevor sie schließlich 1886, vollständig zusammengesetzt, an ihrem heutigen Standort enthüllt wurde. Sie ist noch immer der spektakuläre Blickfang im Hafen, obwohl in den 130 Jahren, die seit ihrer Ankunft vergangen sind, um einiges höhere Sehenswürdigkeiten errichtet wurden – etwa der Turm des One World Trade Center, der hier über der Skyline von Lower Manhattan zu sehen ist.

FIFTH AVENUE BUILDING
I ♥ NY
MAD. SQ PK
BROADWAY
P97

Vorherige Seite

2.

FLATIRON BUILDING, ECKE FIFTH AVENUE UND BROADWAY

„Ich dachte daran, mir dieses Haus als Winterresidenz zu sichern, aber ich habe den Gedanken wieder aufgeben, da die Miete höher war als das Haus", stichelte Mark Twain süffisant über das Fuller Building kurz nach seiner Eröffnung im Jahre 1903 – bevor es vom Volksmund in „Bügeleisenhaus" umgetauft wurde. Kritiker des revolutionären Wolkenkratzers sagten ihm den sicheren Einsturz voraus. Die starken Winde, die um das kuchenstückförmige Eckhaus fegten, lockten Scharen herumlungender Jungs an, die hofften, einen Blick auf einen nackten Knöchel – oder mehr – zu erhaschen, wenn die Röcke der vorbeigehenden Damen durch die Zugluft angehoben wurden. Mittlerweile ist die sehr beliebte Sehenswürdigkeit anerkanntermaßen eines der Meisterwerke der Beaux Arts in New York.

1875

Vorherige Seite

3.

BROOKLYN BRIDGE

Als sie 1883 eröffnet wurde, war die den East River überspannende Brooklyn Bridge die längste Hängebrücke der Welt, eine seinerzeit wegweisende technische Meisterleistung – obwohl man einen hohen Preis dafür zahlte. Es dauerte über zwölf Jahre, sie zu bauen, und nicht weniger als 20 Menschen sollen bei Unfällen während des Baus den Tod gefunden haben, einschließlich des Mannes, der sie ursprünglich entworfen hat, John Roebling. Washington Roebling, John Roeblings Sohn, übernahm die Arbeit zusammen mit seiner Gattin Emily, die die Brücke nach ihrer triumphalen Fertigstellung als Erste überquerte. Über 130 Jahre später ist diese Brücke noch immer standhaft und wird jeden Tag von 120.000 Fahrzeugen, 4.000 Fußgängern und 3.000 Radfahrern genutzt.

ASTOR
THE LENOX LIBRARY
THE TILDEN TRUST
MDCCCXCV
THE NEW YORK PUBLIC LIBRARY
MDCCCXCV

Vorherige Seite

4.

DIE NEW YORK PUBLIC LIBRARY

Wer wuchtige öffentliche Gebäude mag, wird von der New York Public Library nicht enttäuscht sein. Das Haus an der Fifth Avenue auf der Höhe der 42. Straße wurde 1911 eröffnet, und zwar indem zwei Sammlungen zusammengelegt wurden, die jeweils von mächtigen Mäzenen finanziert wurden: die Lenox Library, ein Stück weiter die Fifth Avenue hinunter, und die Astor Library, ursprünglich im East Village. Dieses großartige Gebäude, das mit Säulengängen und Löwen versehen ist, die den Eingang bewachen, verfügte über weit mehr als 100 km Regallänge. Doch bis 1980 war die Sammlung selbst für diese riesige Stellfläche zu groß geworden, und so wurde unter dem Bryant Park eine unterirdische Erweiterung geschaffen.

CARROTS 73¢
TURNIP 80¢
APPLESS $1
1.5$
PEPPERS
PIE PUMP 36¢/lb
SPAGHETTI SQUASH 90¢ lb
DELICATA 70¢
RED KIRI 80¢/lb
PARSNIPS 45¢ lb
Sun flowers 5$ bunch

Vorherige Seite

5.

UNION SQUARE GREENMARKET

Die Greenmarket-Bewegung begann 1976 mit nur zwölf Ständen auf einem Parkplatz. Man wollte frische Nahrungsmittel aus der Region direkt zu den New Yorkern bringen. Knapp 40 Jahre später ist der Union Square Greenmarket zum bekanntesten und größten der über 50 Märkte in der Stadt geworden. Er findet an vier Wochentagen statt, montags, mittwochs, freitags und samstags. Dieser trubelige, bunte und dynamische Markt eignet sich hervorragend, sich an der Vielfalt regionaler Lebensmittel zu erfreuen, ob einfach oder exotisch, von Honig und Büffelsteaks bis hin zu Kürbissen und Apfelwein.

New York

Vorherige Seite

6.

WASHINGTON SQUARE PARK

Wo früher ein Friedhof war, wurde im 19. Jahrhundert der Washington Square Park als Grünfläche angelegt, eine Gegend, die in dieser Zeit zum Wohnen immer beliebter wurde. Der berühmte Triumphbogen dieses Parks, entworfen vom angesehenen Architekten Stanford White nach dem Vorbild des Arc de Triomphe in Paris, wurde 1892 fertig gestellt. Er ersetzte seinen einfacher gebauten Vorgänger aus Holz, der anlässlich der Hundertjahrfeier der Präsidentschaft von George Washington dort errichtet worden war. Bis heute ist der Park ein beliebter Treffpunkt für alle, von Schachspielern bis hin zu Straßenmusikern.

NYC LAW
SPEED LIMIT 30
UNLESS OTHERWISE POSTED
SPEED LIMIT 30
THE SOLO N R GUGGENHEIM MUSEUM
BELLE
1F37
NYC TAXI
1F37

Vorherige Seite

7.

DAS GUGGENHEIM MUSEUM

Das von Frank Lloyd Wright entworfene Guggenheim Museum, oft verglichen mit einem Schneckenhaus oder einer umgedrehten Stufenpyramide, ist bereits kurz nach seiner Fertigstellung zu einer Ikone der Architektur geworden. Das Museum war 1943 von Solomon R. Guggenheim in Auftrag gegeben worden, um seine Kollektion moderner Kunst zu beherbergen, doch mitunter schien es, als würde es nie gebaut werden. Wright erstellte sage und schreibe 749 Entwürfe für dieses Projekt mit einer endlosen Reihe von Veränderungen, doch beide Männer starben, bevor das Museum schließlich 1959 fertiggestellt wurde. Wrights finaler Entwurf, der die Besucher vom obersten Punkt des Museums über einen langen, spiralförmig gewundenen Gang führt, brachte die Idee hervor, dass das Gebäude eines Museums ebenso viel zum künstlerischen Erlebnis beitragen kann wie die darin ausgestellte Kunst.

Vorherige Seite

8.

DIE HIGH LINE

Die High Line begann als Hochbahn für Güterzüge, die die 34. Straße mit dem St. John's Park Terminal an der Spring Street verband. 1980 war sie überflüssig geworden, sie entging jedoch der Abrissbirne, und wurde der Öffentlichkeit übergeben. Im Rahmen einer Ausschreibung für Vorschläge zur Nutzung der High Line einigte man sich schließlich, sie als Parkanlage zu nutzen, die über eine Länge von etwa 2 km hoch oberhalb der Straßen der Stadt verläuft. Der erste Abschnitt wurde 2009 eröffnet und war sofort ein Erfolg. Die luftige Bepflanzung des dänischen Gartenarchitekten Piet Oudolf trägt viel zum natürlichen Aussehen des Parks bei. Der dritte und letzte Abschnitt wurde 2014 eröffnet.

Vorherige Seite

9.

GRAND CENTRAL STATION

Die Beaux Arts-Außengestaltung des Bahnhofs Grand Central Station (korrekte Bezeichnung: Grand Central Terminal) ist schon beeindruckend genug, doch allein die Größe der Halle im Inneren ist atemberaubend, so dass die geschäftigen Reisenden wie Ameisen aussehen. Wenn Sie in das riesige Deckengewölbe hinaufschauen, werden Sie wie am nächtlichen Himmel Sternbildern aus Blattgold sehen, die sich von einem kobaltblauen Hintergrund abheben – eine Arbeit des französischen Künstlers Paul César Helleu aus dem Jahre 1912. Schaut man ein bisschen länger hin, wird man bemerken, dass einige Sternbilder verkehrt herum gezeichnet sind, doch niemand ist so kleinlich, sich darüber zu beschweren, da der Gesamteffekt so großartig ist.

STANDING
TIME
HOT DOG
HOT PRETZEL
HOT PRETZEL
NO
STANDING
HOT DOG
SAUCE!
SOFT PRET

Vorherige Seite

10.

HOT-DOG-STÄNDE

Der klassische Hot-Dog-Stand ist das ganze Jahr über ein fester Bestandteil auf den Bürgersteigen von New York City und sehr beliebt. Die Speisekarte ist normalerweise nicht sehr umfangreich – Hot Dogs, Salzbrezeln, Mineralwasser oder stilles Wasser, an heißen Sommertagen manchmal Wassereis – aber diese ewige Liste hat auch etwas Anheimelndes. Gut besuchte Standorte, vor allem vor größeren Touristenattraktionen, werden immer gesucht und sind ziemlich teuer. Ein Standort vor dem Metropolitan Museum of Art machte Schlagzeilen, als bekannt wurde, dass die Miete über 50.000 Dollar monatlich betrug. Da muss man schon eine ganze Menge Hot Dogs verkaufen.

BEST
TEL
小吃
9668822
老三小吃
017212·966·1307
PHARMACY
仁信大藥房
PHARMACY
Joe's Ginger
AHEAD
FILLET
TROUT FILLET 2$16
SQUID
ANCHOVIES 1¢

Vorherige Seite

12.

CHINATOWN

Chinatown ist eine dicht gedrängte, klar begrenzte Gegend in Lower Manhattan – Little Italy schließt sich direkt nördlich an, Tribeca and SoHo im Westen. Seit der Mitte des 19. Jahrhunderts gab es hier eine kleine chinesische Gemeinde, doch nachdem in den sechziger Jahren des 20. Jahrhunderts die Einreisebeschränkungen aufgehoben wurden, wuchs sie rasch. Heute kommen sehr viele Besucher für ihre Einkäufe in diesen Stadtteil. Sie kaufen alles von Tofu und Krebsen bis hin zu Bok Choy und Heilkräutern, oder sie machen einfach Halt für einen Bubble Tea oder Dampfnudeln in einem der vielen hundert Restaurants und Cafés.

Vorherige Seite

13.

CENTRAL PARK

Der Central Park, einer der berühmtesten Parks der Welt, ist voller Attraktionen, von denen das Belvedere Castle, ein skurriles und aufwändiges Gebäude auf dem Vista Rock an der durch den Park verlaufenden 79sten Straße, sicherlich eine der exzentrischsten ist. Entworfen wurde dieser verschwenderische viktorianische Bau von Calvert Vaux, einem der Architekten des Parks, der sich dafür den höchsten und besten Aussichtspunkt im Park ausgesucht hat. Heute ist es eines der fünf Besucherzentren des Central Park und ein beliebter Ort für die Vogelbeobachtung – Turmfalken und sogar von Zeit zu Zeit ein Fischadler sind von dieser Aussichtsplattform aus gesehen worden.

STRAND BOOKS
STRAND BOOKS
LIBRARIES BOUGHT
STRAND BOOKSTORE
OLD RARE NEW
STRAND GIFTCARDS
18 miles of choices
wi-fi
2$
1$
2$
1$
STRAND
STRAND
STRAND
STRAND

Vorherige Seite

14.

STRAND BOOKSTORE

„18 Meilen Bücher" ist wahrscheinlich der beste Slogan, der jemals für einen Buchladen erfunden wurde, und es ist nicht der einzige geschickte Schachzug dieses legendären 80 Jahre alten unabhängigen Buchgeschäfts im East Village, das seit seiner Eröffnung durch Benjamin Bass im Jahre 1927 immer noch von derselben Familie geführt wird. In einer Zeit, in der es immer angesagter ist, Bücher online zu kaufen, hat der Strand Bookstore diesem Trend mit Bravour widerstanden, mit immer neuen Marketingideen, der Lieferung von Büchern meterweise, einem Service, der für einzelne Kunden ganze Regale von Büchern speziell zusammenstellt, und einer riesigen Fülle von Büchern, die bis auf den Bürgersteig aus dem Laden quellen.

Vorherige Seite

15.

BROOKLYN BRIDGE PARK

Der Brooklyn Bridge Park, der sich zwischen der Manhattan Bridge und der Atlantic Avenue am East River entlang erstreckt, hat eine zwei Kilometer lange, vernachlässigte schmale Uferlinie in die belebteste Grünfläche der Stadt verwandelt. Im 18. und 19. Jahrhundert war das Ufer hier eines der lebendigsten in New York, doch nachdem die Brooklyn Brigde und die Manhattan Bridge gebaut worden waren, ging der Handel zurück, und die alten Molen verfielen nach und nach. Die Arbeiten an dem Park begannen 2008, und der erste Abschnitt wurde zwei Jahre später eröffnet, während die Arbeit an anderen Stellen noch weiterging. Der Park bietet weit reichende Wiesen, Promenaden am Wasser, ein altes Karussell in einem Glaskasten und natürlich umwerfende Aussichten.

WONDER WHEEL
ASTROLAND
CYCLONE

Vorherige Seite

16.

CONEY ISLAND

Coney Island, an einer südöstlichen Ecke von Brooklyn mit Blick über den Atlantik gelegen, hat im letzten Jahrzehnt eine Renaissance erlebt. Seit 1829, als das erste Ferienhotel aufmachte, war die Gegend ein beliebtes Ausflugsziel, um einen Tag außerhalb der Stadt zu verbringen. Die Eisenbahn kam in den sechziger Jahren des 19. Jahrhunderts, gefolgt von drei größeren Vergnügungsparks: Steeplechase Park (1897), Luna Park (1903) und Dreamland (1904). Im Verlauf des folgenden Jahrhunderts hatten diese Parks und ihre Nachfolger eine wechselvolle Geschichte, doch einige der ursprünglichen Attraktionen sind geblieben, so z. B. das historische Wonder Wheel und der Cyclone Roller Coaster aus den zwanziger Jahren des vergangenen Jahrhunderts.

THE Civil War
PUNK PICS
The Jungle Collection

Vorherige Seite

17.

DAS METROPOLITAN MUSEUM OF ART

Das Metropolitan Museum of Art wurde 1870 von einer Gruppe berühmter amerikanischer Mäzene, Sammler und Geschäftsleute gegründet, die Frankreich bereist und dabei festgestellt hatten, dass nichts in ihrem Land sich mit den französischen Sammlungen im Louvre messen konnte. Heute beherbergt das Met (wie es gemeinhin genannt wird) über zwei Millionen Exponate und einige der größten Kollektionen weltweit. Es finden dort auch viele der hochrangigen New Yorker Ausstellungen zu verschiedenen Themen statt, von Henri Matisse über die Malerei der australischen Ureinwohner bis hin zum Modedesigner Alexander McQueen.

Vorherige Seite

18.

BROWNSTONES IN BROOKLYN

Brownstone-Häuser, für gewöhnlich im 19. Jahrhundert aus Ziegelsteinen gebaute Gebäude, mit einer Fassade aus wertvollem rötlichbraunem Sandstein sind überall in der Stadt anzutreffen, doch vor allem in „Brownstone Brooklyn" finden sich viele Beispiele dafür mit besonders netten Details. Für diesen Stadtbezirk, auf den die Bewohner von Manhattan ursprünglich herab geschaut haben, sind neue Zeiten angebrochen: die Beliebtheit dieser Reihenhäuser (und ihrer wachsenden Preise) sind die deutlichsten Zeichen sowohl der Gentrifizierung als auch der kulturellen Renaissance, die im letzten Jahrzehnt stattgefunden haben.

TIMES SQUARE
NYC
3F5
3F50
7B41
US MAIL
RELAY MAIL

Vorherige Seite

19.

TIMES SQUARE

Times Square, ursprünglich „Longacre Square", wurde 1904 umbenannt, als die New York Times in ein neues Gebäude an der 42. Straße, an der Kreuzung von Broadway und 7. Avenue, zog. 1907 startete der Eigentümer der Zeitung, Adolph Ochs, die Tradition des „Ball drop" (an Silvester wird eine leuchtende Kugel an einer Stange herabgelassen), eine Alternative zu seinem Feuerwerk, das für gesetzeswidrig erklärt wurde. Heute versammeln sich die Massen jedes Jahr auf diesem Platz, um sich anzuschauen, wie die leuchtende Kugel zwischen 11:59 Uhr und Mitternacht vom Times Tower an einer Stange 141 Fuß (42,98 Meter) herabgelassen wird. Was das Publikum veranlasst, den Countdown bis zum Beginn des neuen Jahres zu skandieren.

ITALIAN SAUSAGE
ITALY
Vinny's ITALIAN SAUSAGE HEROES
"BRACIOLE"
STEAK & CHEESESANDWICH
KNISHES ☆ HOT DOGS ☆ ICE
ITALIAN HEROES
SAUSAGE PEPPER & ONION
BRACIOLE
DRINKS · Candy
Ciao Bella
tortels
ITALIAN SPECIALITIES
CAKES
SAUSAGE
BRACIOLE
STEAK&CHEES
HOTDOG
ITALY

Vorherige Seite

20.

DAS SAN GENNARO-FEST, LITTLE ITALY

Das San-Gennaro-Fest im September dauert zehn Tage und findet in einem großen Teil von Little Italy statt. Viele Stände säumen Abschnitte der Straßen Mulberry, Grand und Hester. Das Fest wurde hier zum ersten Mal 1926 gefeiert, als von Heimweh geplagte Neapolitaner sich am 19. September zusammenfanden, um den Feiertag ihres Schutzheiligen zu begehen. Dieses eintägige Fest wurde nach und nach zu einer ausgedehnten Jahrmarktveranstaltung, mit Kapellen, einem großen Umzug mit Karnevalswagen, einer kleineren religiösen Prozession mit der Statue des Heiligen und einer riesigen Menge italienischer Delikatessen wie Zeppole oder Salsiccia alla Pizzaiola. Zum Fest gehören auch jährliche Wettbewerbe in typisch italienischen Fertigkeiten, etwa der Versuch im Jahre 2014, die weltweit größte Cannoli-Nudel herzustellen.